LIVE YOUR LIFE

並木良和

VOICE

はじめに

こんにちは！

並木良和です。

『Live your Life』を手に取っていただき、ありがとうございます。

その中でも、3冊のシリーズの中で「人間関係」をテーマに語る本を手にしてくれたあなたへ。


あなたは、人間関係について、どのような悩みや不安を抱えていますか？

「毎日、会社で苦手な上司と会うのがつらい……」

「なぜか、いつもいじめに遭ってしまう……」

「友達ができなくて、ひとりぼっち……」

「なぜ、いつも私の恋愛は上手くいかないの？」


今、多くの人たちが、人間関係に関するそんな悩みや不安を抱えているのではないでしょうか。確かに、僕たちが生きていく上で、良好な人間関係は大切な要素と言えるでしょう。

家族やパートナー、友人、学校の同級生、仕事関係の同僚や上司、部下など、社会で生きていく上で出会うさまざまな人たちとのスムーズで良好なコミュニケーションがあればこそ、より充実した人生が送れるのですから。

やはり、一人ひとりが社会の中でどのように他の人々と関わって生きていくのか、というのは永遠のテーマなのです。


そんな中、今、地球は既存の古い地球から新しい地球へと移行の真っ最中です。

現在、世の中では、従来の古い体質の組織や集団の在り方も変化しつつあると同時に、一個人としての個性を大切にする生き方や、より〝多様性〟が大切にされる世の中へと変化しつつあります。

そこで、この本では、これから新しい地球で生きていくために知っておきたい、新しい時代における人間関係を築くコツやヒントについてお話ししていきたいと思います。

ハンディサイズのこの本は、あなたが新しい時代の人間関係の概念を身につけるために、いつもバッグの中に携帯し、ふとしたときに気軽に読んでいただくのにもおすすめです。

また、毎日、直感的にパッと開いたページを読んでいただくのもいいでしょう。

きっと、今のあなたに必要なメッセージや現状に関するヒントに気づけるはずです。

それでは今から、新しい地球の人間関係について、お話ししていきましょう！

並木良和

Contents

6秒間のゆっくりした呼吸で感情を鎮める

どうして、あんなことを言ってしまったのだろう。
いい大人なのに、カッとなってしまって後悔……。
そんなことは、ありませんか？

怒り、イライラ、憎しみなどの
ネガティブな感情が
自分の中のキャパを超えると、
突然、爆発してしまうことがあります。

そして、そんなたった一度の感情の爆発で、
家族や友人との関係がダメになってしまったり、
職場など社会における自分の評価が
落ちてしまったりすることもあるでしょう。

実は、自分ではどうにもできないと
手を焼いている感情も、
ちょっとしたトレーニングをすることで
コントロールできるようになります。

ここでは、簡単にできる呼吸法を
ご紹介しましょう。
まず、気持ちがカッとなったり、
イラっとしたりして感情が高ぶった瞬間に、
息を止めてみてください。

そして、ゆっくりと時間をかけて
口から細く息を吐いていきます。
肺に残っている酸素をすべて吐き切りましょう。

今度は、鼻から6秒ほどのリズムで、
ゆっくりと息を吸い切り、再び口から、
6秒ほどかけて息を吐き切ってください。

これを2、3回繰り返すだけで、
さっきまで高ぶっていた感情は鎮まり、
収まってくるはずです。

「感情がコントロールできた！」
という成功体験が増えれば、その分自信もついて、
感情に振り回されることも
だんだん少なくなっていくでしょう。

カッとしたとき、イラっとしたとき、
ぜひ、いつでもどこでもできる
6秒間の呼吸法を試してみてください。

鼻から
6秒吸って‥
口から
6秒
吐き切る

嫌いな人はミニミニ・モンスターにして潰しちゃおう！

どうしても、あの人だけは苦手……。
あの人の言葉に、いつも傷ついてしまう……。

生きていれば、どこかで出てくるのが
苦手な人や嫌いな人。

その人のことが、一旦嫌いになると、
その人の存在が自分の中で
どんどんモンスター化していきます。

そして、なんだか
その人の一挙手一投足のすべてに
我慢ができなくなってきます。
気がつけば、「顔も見たくない」とか

「同じ場所で、同じ空気を吸いたくない」
というほど、
生理的にダメになったりすることもありますね。

それでも、その人とは
毎日オフィスや学校などで
顔を合わせなければならない。
そんなときは、どうすればいいのでしょうか？

一番の処方箋は、
その人に対する認識を変えていくこと。
これは、ほんの数分間でできるワークです。

まず、イメージの中で、その人が〝大きな怪獣〟

くらいに巨大化している姿を見てください
（すでにそうなっているかもしれませんね）。

次に、その巨大なモンスターをイメージの中で
どんどん小さくしていきましょう。
『ドラえもん』に出てくる
「スモールライト」のように、
モンスターに光を当てて、
小さく小さくしながら、
最終的に、米粒くらいの大きさに
してしまいましょう。

それでは、そのミニモンスターを
プチッと踏み潰してください。

そしたら、1回深呼吸しましょう……。

これは、その人に対する
〝認識〟を変えているだけなので、
その人にネガティブな影響はありません。
これだけでも、あなたに与える影響が
小さくなっているのがわかるでしょう。

それでも、毎日顔を合わせてしまうと、
どうしても同じ感覚がよみがえる……。

そんなときは、このワークを
何度も繰り返してみてください。
その人のことが、

次第に気にならなくなるはずです。

それにプラスして、
次のような方法も試してみましょう。

例えば、その人が前にいようと、隣にいようと、
イメージの中でその人との間に
アクリル板のような透明のスクリーンを置き、
2人、もしくはグループとの間に
エネルギー的なバリアを張るのも効果的です。
ダイレクトに伝わる相手からの
エネルギーをシャットアウト！
これによって、
あなたのその人に対する感じ方も変化するはず。

そんなふうに心に余裕が出てきたら、
今度は、少し高度なテクニックも
試してみましょう。
それは、その人のいいところを探してみる
ということです。

あなたの中ではすっかりモンスター化した
その人だって、
実際にはいろいろな側面があるはずです。

例えば、あなたが嫌いな人でも、
最後までいつも残って仕事をしている。
いつも会社の行事で

幹事などの世話役をやっている、など。
その人のいいところを
幾つか見つけられるようになると、
嫌いだったその人への感情も、
好きになるとは言えなくても、
だんだんニュートラル（中立）に
なっていくでしょう。

ここまでこれたら、もう大丈夫。
気がつけば、その人のことが
前より嫌いじゃなくなった、
もしくは、もう、その人のことなんか
どうでもよくなった、
そんな感覚になっているはずです。

人生の中で時折登場してしまう、嫌いな人。
その人に自分の感情を振り回されるのは、
もったいないですよね？
だからこそ、
そんな人が人生に登場してきたときは、
さっさとその人を乗り越えて、
その先にいきましょう。

mini mini monster

自分の選んだ道で登場する嫌いな人は、あなたの先生

嫌いな人に、
しっかり向き合う必要があることもあります。

それは、その人が、
「私はこれに人生を懸ける」とか
「自分はこれをやっていきたい！」と、
覚悟を決めて歩みはじめた道のプロセスで
登場してきた場合です。
なぜなら、その人は、あなたの〝先生〟だからです。

つまり、あなたがその人から何かを学ぶために、
人生に登場してきたのです。
それも、〝嫌い〟という
否定的な感覚を引き出してまで、

あなたに注意を向けさせ、
影響を与えてくるのです。
それによって、あなたの固定観念を
変えてしまうほどのインパクトを
与えようとしているのかもしれません。

だから、その人から逃げずに向き合うことで、
「何に気づき、何を学ぶ必要があるのか？」
を捉えようとしてみてください。

またそうした対象は、〝嫌いな人〟だけではなく、
〝嫌な出来事〟や〝苦手なこと〟かもしれません。
つまり、あなたが、
こうした先生を前に真摯に向き合うとき、

「大きな成長と共に、大きな成功をも掴める」
可能性が開けているのだ、ということです。
だって、その嫌いや苦手を前に
試行錯誤することで、
あなたの才能や資質を引き出す役割を
その人がしてくれているのですから。

でも、ダイレクトに真正面からぶつかると、
あなたが潰れてしまうかもしれません。
なので、ちょっと視点を変えてみましょう。

嫌いな人と、どうしたら
楽しく向き合うことができるかな？
この苦手な人と、どうすれば

リラックスして話せるだろう？
この困った出来事を、
どう華麗にスルーしていくか？
まるで、ゲームをクリアする時のように
考えてみてください。

そのためには、
あなたのクリエイティビティ（創造性）を
最大限に発揮していきましょう！

例えば、嫌いな人が今この時だけ、

「親友だったら……」

「パートナーだったら……」

「命の恩人だったら……」

と、ゲームのように仮定します。

そして、ほんの少しでもいいので、
その設定の通りに演じてみましょう。
イメージトレーニングと思って、
あなたの好きな場所でリラックスして
打ち解けているところをイメージした後に、
苦手な人と向き合ってみる。

イメージの中で、目の前の困った出来事を、
すでに華麗にスルーできた未来の自分に相談し、
その答えも想像してみる、など。
あなたにとって、「それ、いいね！」
と思えるものなら、何でもいいのです。

嫌いだから、苦手だから避ける、
というのではなく、
そんなときほど想像力と創造力を
発揮していきましょう。

そんなふうに人生を楽しめるようになれば、
「何でも、どんと来い！」と言える、
頼もしい自分になっているはずです。

そして、
あなたの大事な道の途上で出会ったその人は、
大切な何かを教えてくれた先生であったことに
後になって気づくのです。

＼実は・・・／
私を高めてくれる
恩人
苦手な上司

いじめは、「いじめられる」と「いじめる」の関係を絶ち斬る！

社会問題にもなっている、いじめ。
いじめのない社会を築けることが一番ですが、
いじめに遭っている人は、
自分の意識を変えることで、
そこから抜け出すことができます。

当然ですが、いじめに遭う人がいるということは、
いじめる人もいるということです。

いじめに遭う人を被害者と呼ぶなら、
いじめる人は加害者になります。
両者のパワーバランスにおいて、
パワーが弱い方がいじめられる人であり、
強い方がいじめる人です。

人生で起きるすべてのことに言えますが、
あなたの現実で起きることとは、
すべてあなたの意識の反映です。
その意味において、環境を変えたとしても、
いつまでも被害者意識から抜けられなければ、
いじめられるというパターンを
繰り返すことになります。

ここで、勘違いしないでいただきたいのは、
いじめられるのは、「あなたが悪いからではない」
ということです。
これは、良いとか悪いとかの話ではなく、
「あなたにはパワーがあるので、あなたが変われば、

人生はどうにでも変化させることができる」
ということ。

そして、「あなたに主導権があって、
あなたの意識の反映が現実なら、
それを変えれば、いつでもそこから抜け出せる」
という祝福の情報なのです。

いじめられる人は、
自己肯定感が低いのも特徴です。
これは無意識という
潜在意識のレベルでの話になるので
なかなか捉えづらいものでもあるのですが、
わかりやすく表現すると、

「私はいじめられても仕方がない。
だって、自分はこんなだし、あんなだし……」
と自分にダメ出しをしたり、自信がなかったり、
といった意識が自分のどこかにあるからこそ、
「じゃぁ、いじめてやろう！」
という人を引き寄せてしまい、「いじめられる」と
「いじめる」の関係が成立してしまうのです。

つまり、凹凸がガチっとハマってしまうんですね！
誰かをいじめたいという衝動に駆られる人も
無価値観があるため、
自信がなかったりするのですが、
性質的に受動的であるか能動的であるかで
関係が決まり、

前者は「いじめられる」、後者は「いじめる」
という形で現れるわけです。

ということは、いじめられないようにするには、
自分の意識と在り方を、変化させればいいのです。

いじめられることが多いと感じている人は、
まずは、自分の意識に、
あるいは意識の深いところに
被害者意識や無価値観があるということを
認めるところからはじめましょう。

次に、そうした意識を手放す方法をご紹介します。

①自分の中の被害者意識や無価値観を
〝鉄の塊〟としてイメージします。

②自分の両手を強力な磁石であると
イメージして、胸元にピタっとくっつけます。

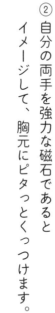

③身体の中の鉄の塊を磁力で、
引っ張り出しましょう。

④目の前に取り出した両手の上に乗っている
鉄の塊をしっかりと見てください。

⑤その大きさや重量感、色や形などを
イメージすることで、心の目で確認します。

⑥鉄の塊を宇宙のかなたに向けて
解放していきます。

⑦両手から宇宙に向けてポン！と手離すと、
鉄の塊が一瞬にして砕けて微細な粒子となり、

宇宙に吸い込まれていきます。

⑧その粒子が瞬く間に宇宙の隅々まで広がると、
そこで浄化され、もとのクリアで
ニュートラルな光に戻ります。

⑨その浄化されたキラキラした光の粒子が、
あなたの元に戻ってくるので、
深呼吸とともに胸の空いたスペースに、
どんどん取り入れていきましょう。

⑩光が肉体の隅々、さらには肉体を取り巻くオーラの隅々にまで広がり、満たされたら、深呼吸をします……。

⑪自分の内側の感覚を感じてみてください。
軽くなっているのがわかりますか？
もし、まだ重たい感じがしたら、この手順を
最初からもう1回繰り返し行ってみましょう。
そして、少しでも軽くなったと感じられたら
ＯＫです。

この、「ネガティブな観念や感情を鉄の塊にして
手放し、クリアな光に変えて統合するワーク」は、
不安や恐怖、怒りや悲しみなど、
あらゆるネガティブな感情の解放に
使うことができます。

このワークを繰り返し行うことで、

被害者意識がなくなっていくと、
「むしゃくしゃしているから、誰かをいじめてやろう！」
などという意図を持つ人が近づいてきたとしても、
もはや引き合うものがないので、
被害者と加害者の関係が成り立つことはありません。

そして、被害者意識が消えていくと、
あなたの自己肯定感も高くなり、
健全な自信や自尊心を持てるようになります。

自分を大切にして波動を上げていくあなたは、
いつしか、いじめとも無縁になっているでしょう。

壊れた関係の相手には、〝出さない手紙〟を書いてみる

人間関係が一度壊れてしまうと、
修復は難しいもの。
特に、家族や友人、
恋愛関係のパートナーなどとの関係が
こじれたときほど、やっかいです。
身近すぎる関係だからこそ本音が言えず、
ますます関係が悪化することもあるのです。

そんなときは、その人に手紙を書いてみましょう。
手紙と言っても、〝出さない手紙〟です。

それは、相手に対する、自身の心の内を
すべて明らかにした手紙です。
手紙を書く目的は、

相手に思いを伝えるためではなく、
あなたの心を整理してクリアにし、
相手へのわだかまりを手放すために
行うものです。

例えば、相手が自分の母親だった場合。
母親に対する思いを書き殴るプロセスで、
あるいは、一通り書き終わった時点で、
改めて母親をより客観的に
見ることができたりするのです。
そして、そこには
新たな発見もあるかもしれません。

「あの頃、母親もつらい思いをしていたんだろうな」

「あれは、余裕がなかっただけで、私を憎んで言った一言じゃなかったのかも……」
「母親だって、親である前に1人の人間なんだよね……」

手紙を書きながら、そんな気づきを得ると、母親との関係は単なる〝ボタンの掛け違い〟や誤解からはじまったことだったのだ、と気づくこともあるでしょう。

そうして、気づきが起きると、母親への感情のわだかまりも少しずつ解放されるのです。
そして、これまで抱いてきた

母親に対するモヤモヤは
晴れてくることになります。
思いを吐き出すことで、
あなたの心が浄化されるからです。

このように、出さない手紙を書くことで、
いつの日か、母親との新しい関係も
築くことができるはず。

また、〝書く〟という行為は、頭の整理だけでなく、
気持ちをクールダウンさせるのにもぴったりです。

もし、あなたにも言いたいことが
言えない相手がいるのであれば、

出さない手紙を書いてみるのは
いかがでしょうか？

恋愛が
上手くいかない？
まずは、あなたが
あなたを愛して！

今度こそ、運命の人だと思ったのに……。
今回も、ダメ男（ダメ女）に引っかかって
しまった！

なぜだか恋愛がいつも上手くいかない人、って
いますよね。
それも、あんなに尽くしたのに……。
あんなに貢いだのに……。

いつも同じような結果になってしまう……。
そのような人は、自分を受け入れてもらいたい、
あるいは好きになってもらいたいばかりに、
自分そっちのけで、
相手に合わせすぎてしまう傾向があります。

さらに、意識の深いところで、
自分に無価値観も感じていて、
自信が持てずにいるのでしょう。

だからもし、あなたが
誰かに受け入れてほしいなら、
また、愛されたいなら、
まずは、誰かを愛するより、
自分のことを愛してあげてください。
そして、他の人を大切に扱うのと同じように、
自分のことを大切に扱ってあげるのです。

「でも、自分を大切にするってどうすればいい

の？」

難しく考えず、こんなふうにしてみてください。
ちょっと気分がアガる、心地よい、
リラックスできる、と感じることを、
可能な限り自分に与えてあげるのです。

例えば、本当はピンク色が好きなのに、
会社で目立たないようにと、
地味な色の服ばかり着ていた人なら、
自分にとって気持ちがアガる
ピンク色の服を着てみる。

毎回、彼にばかり

マッサージをしてあげているけど、
本当は、私だって疲れているし、癒やされたい。
だから、今日はホテルのスパに行く。

デート代のために
家での食事は倹約していたけど、
たまには国産の美味しいお肉で、
自分のためだけに料理をする。

他にも、リラックスできる香りや心地よい音楽、
そして、幸せな気持ちになるドラマや映画、
さらに、着心地のよい服や好きなものなど、
とにかく「自分の気分がよくなるもの」を、
あなたの周りに置きましょう。

そんなふうに、自分に思いっきり
優しくしてあげるのです。
相手にしてあげたいと思ったことを、
自分にしてあげましょう。
相手から言われたい言葉やしてほしいことを、
自分で自分に与えてあげてください。

こうして、自分を大切に扱っていると
無価値観が癒やされ、
自己肯定感も上がっていくでしょう。

すると、恋愛に限らず、
あなたが出会う人たちが変わってきます。

それは、これまでとは違って、
あなたのことを大切にしてくれる人たちです。
なぜなら、あなたはもう、自分のことを認め、
愛せるようになっているからです。
そんなあなたは、前とは別人になっています。
そう、とても自分らしい魅力的な人に
変化しているのです。

なぜか毎回、恋愛が上手くいかない。
いつも、同じような結末で恋が終わってしまう。
どうして幸せな恋愛ができないんだろう？

そんなふうに思い悩んでいるなら、

誰かに愛を捧げる前に、
あなた自身に愛を捧げましょう！

傷ついた思い出には
もう向き合わない！

信頼していた人から裏切られた過去。
今でも思い出すと苦しくなる、
あの時の傷ついた出来事……。

誰もが、そんなつらい思い出を
1つや2つは抱えているものです。

そして、自分ではそんな記憶を
封印して、すっかり忘れたふりをしていても、
何かの拍子に急にそれがよみがえって、
自分を苦しめることがあります。
そんな心の傷からくるストレスは
トラウマと呼ばれています。

トラウマを解消するには、
いろいろな方法があります。
中には、過去のつらい出来事を
自分の中で再体験しながら
乗り越えていくようなメソッドも存在します。
例えば、催眠療法《ヒプノセラピー》などにも、
すべてではありませんが、
その時のつらかった思いに焦点を当てながら、
解放していく方法がありますね。

ただ、間違いとか正しいとかではなく、
トラウマを解消するのに、
あえてつらい記憶を思い出す必要はありません。

逆に、その記憶を繰り返し味わう
反芻《はんすう》をすることで、
さらにトラウマが深刻になってしまうことも
あるからです。

人間の脳は、基本的に
よりネガティブな方に意識が傾きやすい
という傾向があるので、
その記憶を反芻すればするほど、
より強化されて
あなたを苦しめることになるのです。

過去に誰かに裏切られたこと。
どうしても、許せない人。

つらく悲しかった出来事。

それらの記憶は、
今のあなたには一切、関係がありません。
だって、「今この瞬間」には何も起きておらず、
「ただの記憶」なのですから。

「これは、ただの記憶であって、
今は何も起きていないんだから、
もう過去の記憶に振り回されるのは、
金輪際終わりにする！」
と明確に意図して、
それらを手放して＊いきましょう。

それができるようになると、
たとえ、その記憶を
思い出すようなことがあっても、
よりニュートラルな意識で
捉えられるようになるので、
ネガティブな感情は上がってこなくなるのです。

そして、いつか「あんなこともあったな……」
と、軽やかに思えるようになる日がやってきます。
実際には、〝あんなこともあった〟からこそ、
今のあなたは、より打たれ強くなっているし、
より人間としての深みも増しているのです。

だから、過去のつらい記憶は

もう手放してしまいましょう。
そして、かけがえのない「今この瞬間」を、
思いっきり楽しんでくださいね！

＊手放しは38ページにある「鉄の塊」を取り出して宇宙に放ち、光に変えるワークを行いましょう。

CUT!
10年前
つらい記憶
Good Bye!

コミュ障気味？
できるカタチの
コミュニケーション
でOK！

「コミュ障（コミュニケーション障がい）」とは、
人とのコミュニケーションが苦手、
または、コミュニケーションに困難を生じる
障がいのことです。

現代は、デジタル社会です。
人間同士のリアルなコミュニケーションが
減ってきたことで、
いわゆる、コミュ障と呼ばれる人、
もしくは、自分のことをコミュ障だと
感じる人が増えているようです*。

また、多動性で落ち着きがない、
あるいは、集中力がない

「ADHD（発達障がい）」と呼ばれる子どもなど、
〝○○障がい〟と診断される人たちも
増えてきています。

けれども、障がいと呼ばれるものも、
1つの個性であることに違いはありません。
発達障がいや、学習障がいのある人の中には、
ある特別な才能が備わっていることで
「ギフテッド（Gifted：神から才能を与えられた人）」
と呼ばれる人たちもいるほどです。

だから、コミュ障だって、
障がいと捉えるのではなく、
その人のオリジナルな個性である、

と捉えていただきたいのです。

例えば、人との会話が苦手な人なら、他の手段でコミュニケーションする方法を考えてみましょう。

文章で伝える、絵を描いて伝える、音楽で伝える、歌って伝える、ダンスで伝えるなど、さまざまな表現方法があるでしょう。

きっと、そうした表現方法の中には、自分にぴったりで、さらには、他の誰よりも上手く表現できるものがあるかもしれません。

だから、もし、
自分だけの表現方法が発見できたら、
それを思いっきり楽しんでください。
そのコミュニケーションを楽しめば楽しむほど、
周囲の人も認めてくれるようになるでしょう。
「自分には障がいがある」
と思って、塞いでいたのに、
気づけば、天才と評される才能が
花開くかもしれないのです。

どんな人にも得意なものがあります。
そして、どんな人にも苦手なものがあります。
でも、それでいいのです。

それでOKだからこそ、
あなたは生まれてきているのですし、
この地球には、約80億人の人々がいるわけです。
みーんな同じだったら、
つまらないこと、この上ありませんよね？

だから、コミュ障だって全然いいのです！
それも個性であるとポジティブに捉えて
（実際、そうなのですが……）、
自分だけのコミュニケーション方法を
楽しみながら見つけていきましょう。

＊自分がコミュ障だと思う人
ネットの各ポータルサイトなどによる調査によると、自分がコミュ障だと思う割合は2人に1人、別のデータでは3人に1人と、自分のことをコミュニケーションが苦手だと思っている人は多い。

「お1人さま」こそ新時代のスタンダードな生き方になる

新しい時代の生き方は、
「一人ひとりが自立する生き方」です。

これまでの「人」という字にあるような、
1人と1人が互いに寄りかかって
依存しながら生きる在り方ではありません。
自分は何を考えていて、どう感じていて、
どうしたいのか……
という自分軸に一致した行動を
取ることのできる生き方が、
これからのスタンダードになります。

つまり、数字の「11」のように
人が1人で自立しながら、

協力し合える在り方と言えるでしょう。

なので、「お1人さま」という言葉が
使われるようになって久しいですが、
どんな理由であれ、
1人で行動できるというのは素敵なことであり、
孤独でかわいそう、
などということはありません。
逆に、1人だと行動できない
という人のなんと多いことでしょう。

西欧では、カップルでこそ社会で一人前、
と認められるような文化がベースにありますが、
日本では、すでにしばらく前から、

お1人さま焼肉、お1人さまラーメンなど、
お1人さま席のある飲食店なども
増えてきました。
お1人さま対象の旅やツアーも
増えてきていますよね。

「お1人さまだって、全然OK！」
という考え方が浸透しつつある日本人は、
ある意味、意識が進化していると言えるでしょう。

また、この自由で自立した生き方こそ
新しい地球を生きるための
最先端のライフスタイルなのです。

ただし、お1人さまは心地よいけれど、
複数の人とグループで一緒にいるのは、
なんだか苦痛……。
という人もいるかもしれません。
もちろん、それがダメということでは
ありませんが、
すべての行動がお1人さまになってしまうと、
人生における可能性を狭めてしまいかねません。

なので、臨機応変に、
お1人さまであったり、
時にはグループで集ったり、
という生き方ができると幅が広がるでしょう。

また、複数や集団での行動が苦手、という人はどうして自分が皆と一緒だと居心地が悪いのか、その原因を探ってみてください。

自問自答しながら自分と向き合うことで、少しでも気づきがあれば、それらを手放していきましょう。

「皆と一緒だと遠慮してしまうから、嫌だったんだ……」

「相手の顔色をうかがうのが、疲れちゃうんだな……」

「人に合わせるくらいなら、1人の方がいいや……」

こうして気づきが起きるたびに、
人付き合いにおける苦手意識を手放すのです。
すると、1人でも皆と一緒でも、
どちらも楽しめるようになるでしょう。
その方が、何だかお得な感じがしますよね？

お1人さまで行きたいところに行き、
食べたいものを食べ、やりたいことをやる。
お1人さまを楽しめる生き方は、
あなたの人生に、
無上の喜びと豊かさをもたらします。

いつも誰かと一緒じゃなければ行動できない。

そんな人ほど、ぜひ、
今から新時代の生き方である
お1人さまを可能な範囲から、
はじめてみませんか？

子どもはコミュニティの皆で育てる時代がやってくる！

近い将来、一人ひとりが自立した社会が
実現しようとしています。
そのプロセスにおいては、
家族やパートナーシップ、
子育てなどの考え方や在り方も
変わっていくことになります。

例えば、ある家庭の子どもを
コミュニティの皆で一緒に育てたり、
ある家庭の問題を
周囲でサポートしながら解決したりする、
というような未来が
やってこようとしているのです。

それをわかりやすく表現すると、
江戸時代に町人が住んでいた
長屋暮らしのようなものと言えるでしょう。
長屋に住む数世帯が
〝お隣さん〟として協力し合い、
1つの大家族として、
暮らしていたような時代が復活するのです。

ファミリーとして集うのは、
考え方や方向性などを同じくする仲間たち。
〝似た波動〟を持つ人たちがコミュニティを作り、
それを1つの単位として
暮らすスタイルが増えてくるでしょう。

すでに今でも、シェアハウスの普及で
他人同士が数人で1つ屋根の下で暮らすという
スタイルがはじまっていますが、
それが、もう少し大きい
コミュニティという形態へと成長するのです。

真のコミュニティのメンバーたちは、
各々が自立しているので、
共依存することもありません。

そこでは、互いが協力し合い、専門分野を持ち、
物々交換、技術交換、情報交換などを行い、
生きていくために必要なすべてを
そのコミュニティ内でまかない、完結する、

そんな時代がはじまります。

そして、もし必要であれば、
コミュニティ同士で協力し合い、
大きなことを成し遂げるかもしれません。
そんなコミュニティがあちこちで誕生し、
コミュニティ単位の社会が
はじまろうとしているのです。

すでに〝多様化〟が叫ばれている昨今ですが、
そんな新しいファミリーのカタチは、
早ければ4年後には注目されはじめます。

そして、そのようなライフスタイルを

先陣を切ってはじめるのがこの日本なのです。
日本が世界に向けて、
新たなコミュニティの在り方を
示していくことになるでしょう。

おわりに

『Live your Life』はいかがでしたか?

「引きこもりから抜け出したいのに、抜け出せない……」

「いじめに遭って登校拒否になった我が子をなんとかしたい……」

「好きな人に振られて以来、恋愛するのが怖くなった……」

そんなことを思いながら、この本を手に取ってくださった人の中には、今、1冊を読み終えた時点で次のような感想を持つ人もいるのではないでしょうか？

「人の目を気にしたり、無理やり人に合わせようとしなくてもいいんだ……」

「嫌いな人も、意識の持ち方ひとつで、まったく気にならなくなるんだ……」

「お1人さまだって、孤独というわけではないんだね！」

と、新しい時代の人間関係に対する価値観を受け取ってくださった方も多いのではないでしょうか。

多様化するライフスタイルが浸透しつつある今日この頃、人間関係の在り方もまた、これまで常識とされてきたものから変化しています。

つまり、これまでの人間関係のルールや道徳観なども変わりつつあるのです。

新しい地球では、新しいコミュニティの形成や、仕事の仕方も一様ではなく、多種多様でさまざま。

より、自由でカテゴライズされない生き方が求められるようになってきました。

そんな中、どうやって新しい人間関係を築けばいいのか、どんなコミュニケーションが正解なのか迷う人も多いかもしれません。

そんなときこそ、ぜひ、本書にある呼吸法や手軽にできる簡単なワークを活用して、新しい時代の人間関係をスムーズに乗りこなしていただけたら、こんなにうれしいことはありません。

これからの未来は、よりあなたの個性を発揮するクリエイティブな生き方が求められる時代になります。

新しい地球では、お互いが自分らしくありながらも、調和されていくような理想的な人間関係が構築されるようになります。

どうぞ、誰に憚《はばか》ることなく、あなたの個性を大切にしながら望む人生を送っていただければと思います。
本書がその一助となれば幸いです。

並木良和

Profile

並木良和
（なみき よしかず）

メンタル・アドバイザー。生まれる前の宇宙時代からの記憶を持ち、幼少期よりサイキック能力を自覚、高校入学と同時に霊能力者に師事。2006年より神界と天使界の導きにより、メンタル・アドバイザーとして独立。宇宙存在や高次元マスターとも協働しながら、本来の自分に一致する「統合ワーク」や、新しい地球を生きる「目醒めた意識作り」の叡智を発信。宇宙の本質である愛と調和を世界中に広める風の時代のリーダーとして、多くのファンに支持されている。著書『目醒めへのパスポート』（ビオ・マガジン）、『新しい人間関係のルール』（PHP研究所）ほか多数。
https://namikiyoshikazu.com/

並木良和オフィシャル・オンラインサロン
にアクセス！

Live your Life

2024年8月10日　第1版第1刷発行

著　者　　並木良和

編　集　　西元 啓子
イラスト　藤井 由美子
校　正　　野崎 清春
デザイン　小山 悠太

発行者　　大森 浩司
発行所　　株式会社 ヴォイス　出版事業部
〒106-0031
東京都港区西麻布3-24-17 広瀬ビル
☎ 03-5474-5777（代表）
FAX 03-5411-1939
www.voice-inc.co.jp

印刷・製本　映文社印刷 株式会社

ISBN978-4-89976-573-8